Claudia Toll | Ilka Sokolowski

Ich wünsche mir
ein Haustier

Das Zwergkaninchen

Mit Bildern von Frauke und Patrick Wirbeleit

Sauerländer

Inhalt

Vorwort 4

Riesen und Zwerge

Herkunft aus der Wärme 5

Kaninchen und Hasen 5

Neunzig Rassen 5

Zwergkaninchen und Kaninchen 5

Woher bekommt man Zwergkaninchen? 6

Check: So sieht ein gesundes
Zwergkaninchen aus 6

Transportbox 6

Mit allen Sinnen

Ohren wie Schalltrichter 7

Blinzelnde Nase 7

Feine Tasthaare 7

Der Rundumblick 7

Charaktertier Kaninchen

Gesellschaft mit Streit 8

Kleine Kratzbürste! 8

Leben in der Dämmerung 8

Ab in den Bau! 8

Check: Passen Zwerg-
kaninchen zu mir? 9

Gut untergebracht

So fühlen sich Kaninchen wohl 10

Die Einrichtung 10

Sommerfrische 10

Das ganze Jahr über draußen? 10

Die Einstreu 11

Käfig säubern 11

Fellpflege 11

Check: Hast du alles? 11

Basteln

Tummelplatz 12

Der richtige Durchmesser 12

Entdecker-Kartons 12

Labyrinth aus Röhren 12

Buddelvergnügen 13

Kaninchenwiese 13

Abenteuerspielplatz 13

Eingewöhnung und Kennenlernen

So werden Zwergkaninchen zahm 14

Erste Annäherung 14

Check: Wie scheu oder zutraulich
sind meine Zwergkaninchen? 14

Das alte Zwergkaninchen 15

Richtig hochheben und tragen 15

Kaninchensprache

Stille Tiere 16
Aber was sagen sie? 16
Typisch Kaninchen 16
Check: Verstehst du deine Zwerge? 17

Futter für Kaninchen

Kleine Feinschmecker 18
Nagematerial 18
Aus dem Napf 18
Heu? Ja bitte! 19
Körner? Ganz wenig! 19
Check: Was mögen meine Zwerge am liebsten? 19
Dauerfresser! 19

Zusammensein und Spielen

Stoffball werfen 20
Kegeln 20
Futterspiele 20
Spiele mit allen Sinnen: Hören 21
Beobachten und Erschnuppern 21
Mitbringsel und Neues 21
Keine Lust! 21
Gefahren in der Wohnung 22
Gefahren im Garten 22
Check: Das machen meine Zwerge gern 23

Beim Tierarzt

Auf dem Weg 24
Jährlicher Check 24
Wichtige Impfungen 24
Krankes Kaninchen: Alarmsignale 25
Medikamente geben 25
Krallen schneiden 25

Zwergkaninchenkinder

Wenn Nachwuchs unterwegs ist 26
Die ersten Wochen 26
Lieber bei Mama 27
Und was fressen sie? 27
Getrennte Wege 27

Auf Reisen

Auf Reisen gehen 28
Oder lieber zu Hause bleiben? 28
Tierpension 29
Checkliste für die Betreuung 29

Wichtige Adressen und Internetlinks 30
Register 31

Vorwort

Liebe Eltern!

„Ich möchte ein Tier haben!"
Irgendwann kommt bei jedem Kind dieser Wunsch auf. Und es ist etwas Wunderbares für Kinder, mit Tieren aufzuwachsen.

Aber kein Kind kann übersehen, was es bedeutet, ein Tier zu haben. Nicht nur für einige Tage oder Wochen, sondern ein ganzes Tierleben lang, ob es nun zwei, drei Jahre sind wie beim Goldhamster oder vielleicht 18, 20 Jahre wie bei der Katze.

Für das Tier zu sorgen, sich um das Tier zu kümmern, es zu versorgen, zu pflegen und mit ihm richtig – rücksichtsvoll und seiner Art gemäß – umzugehen, kann Ihr Kind nur von Ihnen lernen! Durch Sie erfährt es, was Verantwortung, Respekt, Geduld und Verpflichtung gegenüber einem Tier bedeuten. Das sollten Sie vor der Entscheidung bedenken:

Ein einsames Zwergkaninchen – das darf nicht sein. Kaninchen müssen immer in Gesellschaft mit wenigstens einem anderen Kaninchen leben. Sie wollen herumhoppeln und springen, sie brauchen Platz. Ein kleiner Käfig im Zimmer reicht ihnen nicht!

Zwergkaninchen sind friedliche Tiere, die ihre ganze Zutraulichkeit zeigen, wenn sie nicht nach ein paar Streicheleien wie ein Spielzeug weggeräumt werden, sondern wenn sich ihr Mensch liebevoll mit ihnen beschäftigt.

Wenn Sie das berücksichtigen, ist es gar nicht schwierig, zwei oder drei Zwergkaninchen ein artgemäßes Zuhause zu bieten. Je mehr die ganze Familie über die Bedürfnisse und Vorlieben der neuen Mitglieder weiß, desto besser. Dieses Buch will dazu beitragen – damit einer wunderbaren Freundschaft zwischen Kaninchen und Mensch nichts im Wege steht.

Wir wünschen Ihnen viel Freude mit Ihren Zwergkaninchen!

Ilka Sokolowski und Claudia Toll

Riesen und Zwerge

Herkunft aus der Wärme

Wildkaninchen waren ursprünglich in Spanien beheimatet. Heute sind sie in vielen Gebieten der Erde verbreitet. Vom Europäischen Wildkaninchen stammen die Hauskaninchen und damit auch die Zwergkaninchen ab. Sie verhalten sich noch fast genauso wie Wildkaninchen.

Kaninchen und Hasen

Kaninchen und Hasen gehören zu den Hasentieren. Das Wildkaninchen wiegt kaum mehr als 2 kg und ist höchstens 50 cm lang, der Feldhase kann es auf 6 kg bringen und auf über 70 cm Körperlänge. Der Hase hat längere Beine und vor allem die längeren Ohren. Feldhasen wurden nie zu Haustieren. Alle Tiere, die als Stallhasen oder als Zwerghasen bezeichnet werden, sind auch Kaninchen.

Neunzig Rassen

Im alten Rom und im Mittelalter auch bei uns wurden Wildkaninchen als lebender Vorrat in Gehegen gehalten. Sie waren nur halbzahm und wurden erst durch Zucht zu Haustieren. Bis heute sind etwa 90 Rassen entstanden. Aus den graubraunen kleinen Tieren wurden Riesen und Winzlinge mit kurzem, gewelltem oder langem Fell, weiß, silber, rötlich, gescheckt bis schwarz: Fast 400 Farbschläge gibt es! Kaninchen mit Hängeohren werden Widder genannt.

Zwergkaninchen und Kaninchen

Zwergkaninchen wurden aus dem kleinsten Kaninchen, dem reinweißen Hermelinkaninchen, das nur 1,5 kg wiegt und etwa 20 cm lang wird, und den verschiedenen großen Rassekaninchen gezüchtet. Immer wieder kommt es vor, dass ein Zwergkaninchen nicht klein bleibt und sich der große Kaninchenvorfahre wieder zeigt.

Woher bekommt man Zwergkaninchen?

Vorab: Niemals darf ein Kaninchen allein gehalten werden oder zusammen mit einem Meerschweinchen, beide Tiere verkümmern ohne Artgenossen seelisch. Am besten klappt das Zusammenleben von einem Männchen (Rammler genannt), das kastriert ist, und zwei Weibchen.

In vielen Tierheimen warten Kaninchen auf ein neues Zuhause. Sie werden immer tierärztlich betreut, und die Rammler sind oft schon kastriert. Auch privat werden Tiere abgegeben, im Zoohandel und beim Züchter. Da musst du dich gut umsehen und die Kaninchen – wie im Check – genau beobachten.

Frühestens im Alter von neun Wochen sollten die Kaninchen geholt werden. So lange brauchen sie, um richtiges Kaninchenverhalten zu lernen.

- Zähne: stehen gleichmäßig, sind nicht abgebrochen
- Fell: matt glänzend und dicht, ohne kahle Stellen
- Haut: sauber und trocken, ohne Kahlstellen oder Verkrustungen (Tipp: zur Kontrolle ins Fell pusten)
- Bauch: nicht hart, nicht gebläht, gleichmäßig rundlich, nicht fett
- Hinterteil: sauber, trocken, ohne Kotspuren
- Kopf: gerade gehalten
- Bewegung: munter, hoppelnd, Haken schlagend
- Fressen und Kauen: mit gutem Appetit und gleichmäßig mümmelnd

Check: So sieht ein gesundes Zwergkaninchen aus

- Augen: weit geöffnet und blank
- Ohren: trocken, sauber und beweglich
- Nase: sauber, schnuppernd
- Schnäuzchen mit Hasenscharte: weich und trocken

Transportbox

Für den Weg nach Hause brauchen die Kaninchen eine Transportbox. Die sollte so groß sein, dass sie zu zweit oder dritt hineinpassen – und auch noch, wenn sie ausgewachsen sind. Die Box muss eine sicher verschließbare Klappe oder Gittertür haben.

Mit allen Sinnen

Ohren wie Schalltrichter

Ein gesundes, munteres Kaninchen ist auch daran zu erkennen, dass es seine Ohren sofort in die Richtung bewegt, aus der ein Geräusch zu hören ist. Nur Widderkaninchen mit ihren Hängeohren können das nicht. Kaninchen unterscheiden Töne sehr gut. Wenn du jedes Mal pfeifst, wenn du zu ihnen gehst, werden sie dich bald erkennen.

Blinzelnde Nase

Kaninchen haben einen ausgeprägten Geruchssinn. Die Nase des Kaninchens ist immer in Bewegung, und besonders bei Aufregung oder wenn es etwas zu erschnuppern gibt, weiten sich die kleinen Nasenlöcher ganz deutlich. Nasenblinzeln wird das genannt.

Feine Tasthaare

Rechts und links neben der Nase und neben den Augen hat das Kaninchen feine Tasthaare. Sie sind sehr empfindlich, sie signalisieren ihm über Nervenbahnen, wenn es an ein Hindernis stößt. Im dunklen Bau findet es so immer seinen Weg.

Der Rundumblick

Die Augen des Kaninchens sitzen seitlich am Kopf. Dadurch hat es fast einen Panoramablick. Es ist unmöglich, sich an ein Kaninchen heranzuschleichen. Was sich im Nahbereich befindet, erkennt es dagegen nicht gut, auch Farben kann es kaum unterscheiden. Als dämmerungsaktive Tiere sehen Kaninchen bei schwachem Licht noch ausgezeichnet. Übrigens: Die Pupillen des Kaninchens ziehen sich kaum zusammen, sie dürfen deshalb nie grellem Licht, ob Sonne oder künstliche Lichtquelle, ausgesetzt werden.

Charaktertier Kaninchen

Gesellschaft mit Streit

Wildkaninchen leben in Gruppen mit einer Rangordnung, und es gibt immer Kaninchen, die sich untereinander besser oder gar nicht gut verstehen. Das ist bei Zwergkaninchen nicht anders. Auch wenn sich deine Kaninchen gut vertragen, streiten sie manchmal. Damit sie sich bei Streitereien aus dem Weg gehen können, ist ein großer Käfig mit Verstecken so wichtig.

Kleine Kratzbürste!

Kaninchen zeigen ihren Ärger, wenn ihnen etwas nicht passt. Dann können sie mit den Vorderpfoten heftig kratzen, sie knurren und grollen, sie beißen sogar. Werden die Kaninchen immer sanft und freundlich behandelt, kommt das aber kaum vor.

Leben in der Dämmerung

Wie bei den dämmerungsaktiven Wildkaninchen findet auch bei Zwergkaninchen ein wesentlicher Teil des Lebens in den frühen Morgenstunden und gegen Abend statt. Dann sind sie munter und zu Spielen aufgelegt. Vor allem wollen sie bald ihr Futter haben.

Ab in den Bau!

Bei Gefahr sausen Wildkaninchen sofort in ihren Bau. In dieses tief im Boden liegende System aus Gängen führen mehrere Eingänge. Auch Zwergkaninchen suchen bei Gefahr schnell einen sicheren Unterschlupf auf. Und auch wenn sie keine Baue anlegen, wollen sie graben – genau wie die wilden Kaninchen! (Siehe Seite 13.)

Check: Passen Zwergkaninchen zu mir?

- Für das Verhalten von Tieren interessiere ich mich sehr. (A)
- Am liebsten spiele und tobe ich mit einem Tier. (B)
- Mein Tier soll immer in meiner Nähe sein. (B)
- In unserer Wohnung ist Platz für einen sehr großen Käfig. (A)
- Wir haben einen Garten, in dem ein Gehege stehen kann. (A)
- Ich habe viele Hobbys und bin häufig unterwegs. (B)
- Für mein Haustier kann ich mir jeden Tag mehr als eine Stunde Zeit nehmen. (A)
- Ich bin sehr geduldig und kann mich lange mit etwas beschäftigen. (A)

- Ich habe viele Freunde, und bei mir ist immer etwas los. (B)
- Ich kann ganz behutsam mit kleinen Tieren umgehen. (A)
- Ich höre gerne laute Musik. (B)
- Am liebsten mache ich Spiele am PC. (B)
- Dreck kann ich nicht leiden, und Saubermachen finde ich doof. (B)
- Den Käfig gründlich zu reinigen, macht mir nichts aus. (A)

Vorwiegend A? Dann könnten Kaninchen für dich die richtigen Tiere sein. Vielleicht kennst du jemanden, der Kaninchen hat, den du vorher noch befragst.

Etwa gleich viel A und B? Du solltest noch einmal darüber nachdenken, was für Kaninchen spricht und ob du sie wirklich haben möchtest.

Vorwiegend B? Das sieht aber gar nicht danach aus, als würden sich Kaninchen bei dir wohlfühlen!

Gut untergebracht

So fühlen sich Kaninchen wohl

Leider werden Kaninchen immer wieder in viel zu kleinen Käfigen eingesperrt, in denen sie weder hoppeln noch springen können. Bei dir natürlich nicht! Nimm den größten Käfig, den du finden kannst, meist sind das Käfige bis 140 × 70 cm Größe. Noch größer ist noch besser! Es gibt auch Käfige, die sich miteinander verbinden lassen. Ideal sind etwa 2 m² pro Kaninchen. Unverzichtbar ist außerdem ein Auslauf, den kannst du selbst bauen (siehe Seite 12)

Die Einrichtung

Jedes Kaninchen bekommt ein eigenes Schlafhäuschen aus Holz, mit zwei Öffnungen, etwa 30 Þ 40 cm groß und 30 cm hoch. Tipp: Flachdächer vergrößern die Käfigfläche und sind prima Aussichtsplattformen. Tunnel und Höhlen aus Holz oder Stein laden zum Durchflitzen oder Verstecken ein. Im Zoofachhandel gibt es eine große Auswahl an Rampen und Röhren aus Kork. Nimm nichts aus Plastik, Kaninchen knabbern daran und können krank werden. Eine Buddelkiste ist für Kaninchen das Größte, zum Beispiel eine mit Sand gefüllte Katzentoilette mit Abdeckung. Heuraufe,

Futter- und Wassernäpfe und Nipptränke (siehe Seite 18) nicht vergessen!

Sommerfrische

Im Sommer sind Kaninchen gern draußen, sie müssen aber erst stundenweise an die Außenhaltung gewöhnt werden. Ihr Gehege muss mit einer Drahtabdeckung vor Katzen, Füchsen, Greifvögeln und anderen Tieren gesichert sein. Die Einrichtung ist wie im Wohnungsgehege.
Achtung: Pralle Sonne, Zugluft und Regen vertragen Kaninchen gar nicht!

Das ganze Jahr über draußen?

Das geht in einem wintertauglichen Stall mit Außengehege. Dabei ist viel zu beachten. Am besten informierst du dich bei Zuchtverbänden oder im Internet (siehe Seite 30). Sind die Kaninchen auch im Winter draußen, darfst du sie nicht mal eben zum Spielen in die warme Wohnung holen. Das Hin und Her zwischen Wärme und kaltem Stall macht sie krank.

Die Einstreu

Geeignet ist Hanf-, Lein- oder normale Kleintierstreu. Keine Katzenstreu! Sie quillt in Kontakt mit Feuchtigkeit stark auf, es ist gefährlich, wenn Kaninchen davon etwas fressen! Zuerst breitest du eine Lage Zeitungspapier im Käfig aus. Darauf kommt 5 cm dick die Streu, darüber noch eine Schicht Heu.

Käfig säubern

Einmal in der Woche räumst du den Käfig aus und machst sauber. Die Kaninchen ziehen vorübergehend in ihre Transportbox um. Die Einstreu samt Zeitungspapier kommt in den Restmüll. Mit heißem Wasser reinigst du den ganzen Käfig. Futternäpfe und Nipptränke spülst du täglich heiß aus. Auch die Kaninchentoilette wird jeden Tag gereinigt. Meist suchen die Kaninchen immer wieder eine bestimmte Käfigecke auf. Stell dort ein Kaninchenklo (Fachhandel) mit Kleintierstreu auf, das erleichtert das Saubermachen.

Fellpflege

Im Frühling und im Herbst wechseln Kaninchen ihr Fell und haaren besonders stark. Du kannst den Fellwechsel durch sanftes Bürsten mit einer weichen Bürste oder durch kräftiges Streicheln erleichtern.

Check: Hast du alles?

- Käfig mit Auslauf
- Streu
- Stroh
- Kaninchentoilette
- Buddelkiste (Katzenklo mit Abdeckung, mit Sand gefüllt)
- Schlafhäuschen
- Tunnel, Röhren, Rampen, Fußbank
- Nipptränke
- Futter- und Wassernäpfe
- Transportbox
- Bürste

Basteln

Tummelplatz

Im Zoohandel gibt es Gitterteile, die sich zu einem Auslauf verbinden und bei Bedarf zusammenklappen lassen. Aus Sperrholzplatten kannst du auch selbst einen Auslauf basteln. Die Sperrholzplatten sollten etwa 80 cm hoch und 1 m lang sein. Wie viele Platten du brauchst, hängt davon ab, wie groß der Auslauf werden soll. Lass dir beim Aufbau von einem Erwachsenen helfen! Die Seitenteile werden mit Gewebeklebeband verbunden. Dann kannst du sie auch zusammenklappen und weglegen. Wenn du sie angrenzend an den Käfig aufstellst, achte darauf, dass zum Käfig hin kein Durchschlupf bleibt. Als Untergrund für den Auslauf eignet sich ein Teppichrest ohne Schlaufen, damit die Kaninchen mit ihren Krallen nicht darin hängen bleiben.

Achtung!

Achte bei allen Tunneln und Durchschlupfmöglichkeiten auf den richtigen Durchmesser, damit kein Kaninchen stecken bleibt!

Entdecker-Kartons

In Kartons mit Deckel schneidest du in die Seitenwände Öffnungen, die groß genug für deine Kaninchen sind. Die Kartons füllst du mit Heu. Bestimmt dauert es nicht lange, bis deine Kaninchen neugierig auf Entdeckungstour gehen. Sie können im Heu wühlen, sich verstecken und gleichzeitig futtern – klasse!

Labyrinth aus Röhren

Im Baumarkt bekommst du Röhren aus Ton. Zusammen mit Kartons kannst du daraus ein Labyrinth bauen: In die Kartonwände schneidest du Löcher, in die du die Röhren einpassen kannst. Lass immer ein drittes Loch als Notausgang frei. Statt der Tonröhren kannst du auch Pappröhren basteln: Rolle dünne, ungefärbte Pappe oder Wellpappe zusammen und verklebe sie mit ungiftigem Klebstoff: Ein Teil Mehl mit einem Teil Wasser zu einem Brei verrühren, großzügig auftragen, über Nacht trocknen lassen. Bis die geklebte Stelle ganz getrocknet ist, fixierst du die Pappröhre mit Gummibändern.

Wenn du dann noch in lockeren Abständen Leckerlis auslegst, sind deine Langohren ganz erpicht darauf, das Labyrinth genau zu erkunden.

Buddelvergnügen

Kaninchen buddeln für ihr Leben gern. Mit einer Buddelkiste machst du ihnen eine Riesenfreude – sogar ohne Sand oder Erde darin. Du füllst eine Holzkiste oder einen großen Karton mit Stoffresten, die keine Fäden ziehen und nicht zu stark fusseln. Auch unbedrucktes, zerknülltes Küchenpapier eignet sich. Draußen stellst du deinen Kaninchen eine Kiste oder flache Wanne mit Erde zur Verfügung

Kaninchenwiese

Zaubere deinen Kaninchen ein kleines Stückchen Wiese herbei: Im Fachhandel gibt es Samen für Nagergras. Die Samenmischung wird in einer Kiste mit Erde oder in einem großen Blumenkasten aus Ton ausgesät und schön feucht gehalten (Klarsichtfolie darüberspannen). Nach zwei bis drei Wochen ist die Kaninchenwiese grün und kann in den Auslauf gestellt werden.

Abenteuerspielplatz

Kaninchen sind sehr wendig, sie springen auch gern auf erhöhte Plätze. Im Außengehege kannst du ihnen einen Abenteuerspielplatz mit Hindernissen aufbauen. Im Fachhandel gibt es für Katzen einen Rascheltunnel aus Stoff, den auch die meisten Kaninchen toll finden. Dahinter baust du Hindernisse auf, z. B. einen Besen mit Naturborsten (nur die Bürste) zum Überspringen, einen Zickzackkurs aus Tonblumentöpfen, eine Rampe zum Hinaufhoppeln – und zur Belohnung wartet am Aussichtsplatz eine Futtertasche: Knote einen kleinen, mit Heu gefüllten Leinenbeutel am Gitter fest, unten schneidest du eine Öffnung hinein.

Eingewöhnung und Kennenlernen

So werden Zwergkaninchen zahm

Wie schnell deine Kaninchen zutraulich werden, hängt nicht nur von ihrem Charakter ab. Wichtig ist, dass du behutsam mit ihnen umgehst. Wenn sie gerade erst zu dir nach Hause gekommen sind, ist alles noch neu und verstörend für sie. Lass sie am ersten Tag in Ruhe. Sobald die Kaninchen munterer werden und ihre Umgebung erkunden, sprich leise mit ihnen, damit sie deine Stimme kennenlernen.

Erste Annäherung

Ein Leckerbissen wirkt Wunder! Setz dich vor den geöffneten Käfig in den Auslauf und halte den Kaninchen in deiner Hand etwas Feines zum Fressen hin, z. B. eine Karotte (siehe auch Seite 18). Hab Geduld, wenn sie nicht sofort angestürmt kommen. Erst müssen sie sich an dich gewöhnen; bald merken sie, dass von dir keine Gefahr ausgeht. Mit der Zeit werden sie immer zutraulicher, dann kannst du anfangen, sie zu streicheln und sie vorsichtig hochzunehmen (siehe auch Seite 15).

Check: Wie scheu oder zutraulich sind meine Zwergkaninchen?

- Sie verlassen ihre Schlafhäuschen kaum. (B)
- Sie lassen sich gern von mir streicheln. (A)
- Sie verstecken sich, sobald ich mich nähere. (B)
- Wenn sie meine Stimme hören, kommen sie neugierig angehoppelt. (A)
- Sobald ich die Hand ausstrecke, fauchen und knurren sie mich an. (B)
- Sie stupsen mich an, wenn sie gestreichelt werden oder spielen wollen. (A)
- Es dauert lange, bis sie mir ein Leckerli aus der Hand fressen. (B)
- Sie kommen sofort an, wenn ich ihnen etwas zu fressen hinhalte. (A)

Vorwiegend A: Deine Zwergkaninchen sind sehr zutraulich!
Vorwiegend B: Noch sind sie scheu – hab Geduld und bedränge sie nicht!
Etwa gleich viel A und B: Du und deine Kaninchen könnt euch noch besser kennenlernen (siehe auch Seite 16/17).

Das alte Zwergkaninchen

Zwergkaninchen können sieben bis zehn Jahre alt werden, manchmal noch älter. Sie werden ruhiger, sind nicht mehr so beweglich und ziehen sich öfter in ihre Kuschelecke zurück. Oftmals verlieren sie an Gewicht, sie fressen nicht mehr so viel wie früher. Auch das Fell verändert sich, bei manchen wird es struppiger, andere bekommen Haarausfall. Diese Veränderungen sind im Alter normal; solange deine Kaninchen gesund sind und keine Schmerzen haben, brauchst du dir keine Sorgen machen. Regelmäßige Tierarztbesuche sind dennoch wichtig! Manchmal versteckt sich hinter den Alterserscheinungen auch eine Krankheit, die behandelt werden muss.

So erleichterst du deinen Langohren das Leben im Alter:

- Vermeide Situationen, die Stress verursachen, wie häufiges Hochnehmen und Herumtragen.
- Richte den Käfig und den Auslauf so ein, dass alle Ebenen bequem zu erreichen sind, z. B. über Rampen. Alte Kaninchen können nicht mehr gut springen.
- Die Kuschelecke und der Aussichtsplatz dürfen jetzt besonders behaglich und bequem sein. Polstere sie mit einem weichen Handtuch aus.

Richtig hochheben und tragen

Fass deine Kaninchen nie an den Ohren oder am Nackenfell, um sie hochzuheben! Das tut ihnen weh.
Um ein Kaninchen sicher zu tragen, brauchst du beide Hände. Mit einer Hand umfasst du die Vorderpfoten, mit der anderen greifst du unter das Hinterteil und umschließt die Hinterpfoten. Zum Tragen stützt du es auf deinem Unterarm ab.
Es ist für Tiere, wenn sie nicht wirklich sehr zutraulich sind, immer mit Stress verbunden, hochgenommen zu werden. Nur zum Vergnügen solltest du dein Kaninchen daher nicht herumtragen: Es hat Angst dabei, und das Risiko, dass es sich losstrampelt und du es aus Versehen fallen lässt, ist groß. Bei Stürzen, auch aus geringer Höhe, kann es sich schwer verletzen!

Kaninchen-sprache

Stille Tiere

Von Kaninchen ist nicht viel zu hören. Wenn sie wütend sind, knurren oder schnauben sie (siehe Seite 8). Sehr selten fiepen erwachsene Kaninchen bei Angst. Panik oder Todesangst zeigen sie, wenn sie schreien. Knirscht ein Kaninchen mit den Zähnen und ist entspannt, fühlt es sich wohl. Ist es unruhig oder auffallend schlapp, kann Zähneknirschen ein Zeichen für Schmerzen sein.

Aber was sagen sie?

Wenn du verstehen willst, was deine Kaninchen zu sagen haben, musst du auf ihre Körpersprache achten. Das Kaninchen …
… liegt mit lang ausgestreckten Hinterbeinen da, Kopf abgelegt, Ohren angelegt: Es fühlt sich sicher. Noch mehr, wenn es sich auf die Seite legt.
… duckt sich, zieht den Kopf ein, legt die Ohren an, rührt sich nicht mehr: Es hat Angst oder ordnet sich unter. Ein Verhalten, das es gegenüber einem ranghöheren Tier oder einem Menschen zeigen kann.
… steht mit vorgeschobenem Körper, aufgerichteten Ohren, schnuppernder Nase, aufgestelltem Schwänzchen, oder es bewegt sich in dieser Haltung zögerlich vorwärts: Es ist unsicher oder neugierig.

… hoppelt heran und stupst an deine Hand: Das ist eine Aufforderung. Streicheln? Spielen? Futter? Streicheln ist auf jeden Fall angebracht. Mag das Kaninchen nicht mehr, stupst es die Hand weg.
… hockt sich auf die Hinterbeine, macht Männchen, wendet den Kopf, dreht die Ohren, schnuppert: Es erkundet seine Umgebung.
… erstarrt: Es hat sich erschreckt. Jetzt könnte es plötzlich losflitzen!
… trommelt, es schlägt mit den Hinterläufen dumpf klopfend auf den Boden: Es ist sehr beunruhigt und warnt.

Typisch Kaninchen

Wenn sie nicht mümmeln oder schlafen und ausruhen, zeigen Kaninchen ihren wahren Charakter, aber das können sie nur, wenn sie viel Platz haben.
Sie sind lebhafte, bewegliche Tiere. Sie hoppeln hierhin und dahin, rennen los, kehren um, schlagen Haken, machen Hopser, springen in die Luft. Das sind Zeichen von Ausgelassenheit.
Zum Verhalten gehört auch ausgiebiges Putzen. Dafür setzt sich ein Kaninchen auf die Hinterbeine, befeuchtet die Pfoten mit Speichel, fährt sich über die Ohren, ver-

Check: Verstehst du deine Zwerge?

1. Meine Kaninchen schmeißen sich plötzlich ins Heu und bleiben auf der Seite liegen.
   - (a) Es geht ihnen gut, sie fühlen sich wohl.
   - (b) Sie sind krank und haben Schmerzen.
2. Sie liegen zwar ruhig da, aber sie haben weit geöffnete Augen.
   - (a) Sie kommen einfach nicht zur Ruhe.
   - (b) Sie ruhen auch mit geöffneten Augen aus.
3. Meine Kaninchen schütteln den Kopf oder den ganzen Körper beim Springen.
   - (a) Sie haben Krampfanfälle.
   - (b) Sie sind sehr ausgelassen und freuen sich.

4. Meine Kaninchen lecken immer meine Hände ab.
   - (a) Sie mögen das Salz auf der Haut.
   - (b) Sie zeigen ihre Zuneigung – und dass sie nun auch gestreichelt werden wollen.
5. Meine Kaninchen umkreisen manchmal grummelnd meine Füße.
   - (a) So umwerben sie eigentlich andere Kaninchen.
   - (b) Sie sind wütend auf mich und wollen beißen.
6. Sie sitzen auf meinem Arm und zwacken mich.
   - (a) Sie sagen: Wir wollen heruntergelassen werden.
   - (b) Sie sind einfach bissig!

Richtig: 1a, 2b, 3b, 4b, 5a, 6a.

renkt sich, um überall das Fell zu durchkämmen.

Gegenseitiges Lecken ist ein Zeichen von Zuneigung. Die zeigen Kaninchen auch, wenn sie dicht nebeneinanderschlafen.

Kaninchen springen gern auf erhöhte Plätze. Von da aus haben sie den Überblick! Wenn ein Kaninchen das Kinn an Gegenständen reibt, markiert es sein Revier: Es hinterlässt seinen Duft. Den können Menschen nicht wahrnehmen.

Futter für Kaninchen

Kleine Feinschmecker

In der Natur sind Kaninchen wählerisch: Feinste Kräuter, saftigste, weiche Gräser müssen es sein. Wenn du ihnen diese Leckerbissen mitbringst, sammele sie nur von ungedüngten Wiesen, auf denen keine Hundehaufen liegen, nicht vom Straßenrand und nicht vom Bahndamm.

Zusätzlich gibt's kleine Portionen Gemüse, wenig Obst, Wildkräuter: z. B. Kohlrabiblätter, Brokkoli, grüne und rote Salatsorten aus kontrolliert biologischem Anbau (etwa Endivien-, Feld-, Chicorée-, Römer-, Frisée-salat), Grünkohl, Möhre, wenig Möhrenkraut, Apfel und Birne ohne Kerne, Fenchel, Thymianblätter und -blüten, Salbeiblätter, Löwenzahnblüten und wenige -blätter, Gänseblümchen, ab und zu eine Kleeblüte.

Aus dem Napf

Das Frischfutter bekommen die Kaninchen aus einem Napf oder von einem Blumenuntersetzer. Nicht alle Kaninchen trinken aus der Nipptränke, deshalb gibt es Wasser immer auch in einem Napf. Der muss standfest sein und steht am besten erhöht. Das Wasser wird jeden Tag neu aufgefüllt, wenn es verschmutzt ist, auch öfter.

Nagematerial

Was Kaninchen immer brauchen, ist Holz zum Benagen. So halten sie ihre ständig nachwachsenden Zähne kurz. Sie bekommen Zweige mit Blättern von Obstbäumen (vor allem Apfelbaum), Buchen-, Erlen- und Haselnusszweige sowie Fichtenzweige.

Heu? Ja bitte!

Mit Heu beginnt der Kaninchentag, das gibt es gleich am Morgen, auch wenn noch Heureste in der Raufe sind! Heu ist für Kaninchen lebenswichtig, es muss immer zur Verfügung stehen! Das Heu muss gut und frisch duften, grün und nicht gelb oder braun sein, nicht staubig und verschmutzt. Es sollte lange Halme und viele verschiedene Gräser- und Kräutersorten enthalten.

Check: Was mögen meine Zwerge am liebsten?

- Heu, Heu und noch mal Heu
- Löwenzahn
- Chicoréesalat
- Kohlrabiblätter
- Apfel
- Selleriestaude
- Sellerieknolle
- Petersilie
- Erdbeere

Körner? Ganz wenig!

Kaninchen sind keine Körnerfresser, sie kommen bei guter Ernährung mit Heu und frischem Grün ganz ohne Körner aus. Aber wenn sie im Freien gehalten werden und es noch kalt ist, dürfen sie täglich eine sehr kleine Menge Körner bekommen.

Das gehört nicht ins Futter: Mais, Sonnenblumenkerne, Erdnüsse, rot oder grün eingefärbte Zutaten. Und das gibt es auch nicht: Knabberstangen, Drops und Süßigkeiten. Sie sind, genau wie Brot, schädlich für die Zähne und die Verdauung, weil sie Zucker enthalten.

Dauerfresser!

Die Verdauung von Kaninchen funktioniert nur, wenn sie ständig fressen. Dafür ist vor allem das Heu da, das in Käfig und Gehege für sie ausgelegt wird. Frisches Grünfutter gibt es zusätzlich, etwa drei- bis viermal über den Tag verteilt. Futter, das nicht gefressen wurde und welk oder matschig ist, wird weggeworfen.

Kaninchen fressen auch ihre Kötel, und das ist ganz wichtig für ihre Gesundheit, denn sie fressen nur eine bestimmte Sorte, den Blinddarmkot. Der enthält sehr viel Vitamin B.

Zusammensein
und Spielen

Stoffball werfen

Einem weichen Stoffball oder einer zusammengebundenen Socke jagen deine Kaninchen gern nach. Einfach durch das Zimmer werfen oder rollen. Manche Kaninchen bringen das Spielzeug sogar von sich aus zurück, damit es erneut geworfen wird.

Kegeln

Auch Kaninchen kegeln gern – natürlich nach ihren eigenen Regeln und mit Nasenstübern statt mit Kugel. Stell ein paar leere Plastikflaschen dicht beieinander auf. Die meisten Kaninchen finden schnell heraus, dass sich die Flaschenkegel ganz leicht umwerfen und danach durch die Gegend rollen lassen. Du bist natürlich immer in der Nähe, um die Kegel neu aufzustellen und aufzupassen, dass sie im Eifer des Spiels nicht angenagt werden.

Futterspiele

Futter, das deine Kaninchen suchen oder für das sie sich ein bisschen anstrengen müssen, schmeckt ihnen doppelt gut. Hier ein paar Ideen:

Eine leere Toilettenpapierrolle mit Heu füllen, in der Mitte noch ein Leckerli verstecken.

Kräuter wie z. B. Löwenzahn oder Kamille trocknen, bündeln und so aufhängen, dass die Zwerge dafür auf ihren Aussichtsplatz klettern müssen.

Gemüse und Obststücke auf einen dünnen Zweig spießen und so befestigen, dass die Kaninchen sich nach den Leckerbissen strecken müssen.

Spiele mit allen Sinnen: Hören

Kaninchen können lernen, auf ihren Namen zu hören und zu dir zu hoppeln, wenn du sie rufst. Das klappt am besten mit einer Belohnung, z. B. mit kleinen Stückchen Möhre oder einer anderen Lieblingsnascherei.

Beobachten und Erschnuppern

Vor den Augen deiner Zwerge stellst du drei kleine Tontöpfe auf. Einen davon füllst du mit etwas Heu oder mit einem besonderen Leckerli. Alle Töpfe werden mit Pappdeckeln abgedeckt und dann vertauscht, sodass keiner mehr an seinem ursprünglichen Platz steht. Jetzt dürfen deine Kaninchen ran: Finden sie auf Anhieb den Topf mit Futter?

Mitbringsel und Neues

Alles, was neu ist, macht neugierig. Für Abwechslung kannst du also sorgen, indem du deinen Kaninchen etwas von draußen mitbringst:

Obstbaumzweige (siehe auch Seite 18) laden zum Knabbern ein. Leg sie einfach so in den Auslauf oder steck sie in einen Ziegelstein mit Löchern (aus dem Baumarkt).

Brötchentüten aus Papier knistern nicht nur spannend, es lohnt sich aus Kaninchensicht immer, mal nachzusehen, ob nicht etwas Leckeres darin versteckt ist.

Ein Handtuch oder altes T-Shirt im Auslauf wird begeistert durchgewühlt und weggebuddelt.

Größere Steine sind prima zum Draufspringen, Baumwurzeln zum Drunterklettern.

Tipp: Bring immer nur ein oder zwei neue Sachen mit und wechsle die Mitbringsel nach ein paar Tagen aus. So erhältst du die Neugier deiner Kaninchen.

Keine Lust!

Wollen deine Kaninchen in Ruhe gelassen werden, zeigen sie das: Sie fauchen, knurren, kratzen oder beißen. Das ist reine Notwehr! Die oberste Fairnessregel heißt also: Gespielt und gestreichelt wird nur dann, wenn das Kaninchen einverstanden ist.

Gefahren in der Wohnung

Laufen deine Kaninchen in der Wohnung frei herum, darfst du sie keinen Moment aus den Augen lassen. Neugierig wie sie sind können sie sich selbst rasch in gefährliche Situationen bringen. Gefahrenquellen sind z. B.:

- Stromkabel: Die Kaninchen knabbern daran und können einen tödlichen Stromschlag erhalten.
- Zimmerpflanzen: Die meisten Zimmerpflanzen sind giftig! Da die neugierigen Naschhasen alles anknabbern, müssen alle Pflanzen aus ihrer Reichweite geräumt werden.
- Offene Toilettendeckel: Kaninchen schaffen es manchmal, bis auf den Rand der Toilette zu klettern. Dort können sie abrutschen und in der Toilettenschüssel ertrinken.
- Lücken zwischen Schrank und Wand: Die Kaninchen quetschen sich hinein, stecken fest und kommen allein nicht wieder frei.
- Offene Türen: Vergewissere dich immer erst, wo deine Zwerge sich gerade aufhalten, bevor du eine Tür schließt, sie könnten sonst eingeklemmt werden.

Gefahren im Garten

- Sonne: Kaninchen bekommen schnell einen Hitzschlag. Zugluft und Regen vertragen sie ebenso schlecht (siehe auch Seite 10).
- Hunde, Katzen, Marder, Füchse, Greifvögel: Um deine Kaninchen vor anderen Tieren zu schützen, muss ihr Freigehege abgedeckt sein, wenn du nicht in der Nähe bist.
- Giftpflanzen wie Buchsbaum, Farn, Holunder, Maiglöckchen und viele mehr: Das Freigehege darf nicht in der Nähe solcher Pflanzen stehen! Wenn du unsicher bist, was giftig ist, informiere dich bei einer Giftpflanzendatenbank, z. B. bei www.giftpflanzen.com.
- Durchgraben: Da Kaninchen gerne buddeln, werden sie versuchen, sich aus dem Freigehege zu graben. Lass sie nie längere Zeit unbeaufsichtigt!

Was hast du beobachtet? Wahrscheinlich steht Buddeln und Fressen bei deinen Kaninchen an erster Stelle. Möglicherweise haben sie aber auch noch ganz andere Vorlieben. Fest steht: Je genauer du deine Zwerge kennst, desto besser kannst du für ihr Wohlbefinden sorgen.

Check: Das machen meine Zwerge gern

- In der Buddelkiste wühlen
- Kräuter naschen
- Ball spielen
- Schmusen und gestreichelt werden
- Schlafen
- Auf dem Ausguck sitzen
- Ihr Fell putzen
- Rennen und kreuz und quer durch den Auslauf hoppeln
- Im Heu nach Leckerlis suchen
- Futterspiele spielen
- Mir nachhoppeln, wenn ich durch die Wohnung gehe
- Sich in der Wohnung verstecken

Beim Tierarzt

Auf dem Weg

Zum Tierarzt geht es in der Transportbox (siehe Seite 6). Auf den Boden legst du ein dickes, weiches Frotteetuch – im Winter darunter eine nicht zu heiße Wärmflasche – und etwas Heu. Die Tierarztpraxis sollte in der Nähe sein, auf dem schnellsten Weg erreichbar. Alle Kaninchen kommen mit, auch wenn nur eins krank ist, muss der Tierarzt die anderen untersuchen. Und wenn sie zusammenbleiben, ist die Angst nicht so groß.

Jährlicher Check

Auch wenn deine Kaninchen gesund sind, ist wenigstens einmal im Jahr der Tierarztbesuch fällig. Die Kaninchen werden untersucht, abgetastet, gewogen, ihre Zähne werden kontrolliert. Das kann öfter notwendig sein, weil Kaninchen häufig Gebissfehlstellungen haben. Die führen dazu, dass die Tiere schließlich nicht mehr fressen können.

Wichtige Impfungen

Beim jährlichen Tierarztbesuch werden die Kaninchen geimpft, gegen Myxomatose und Chinaseuche (RHD = Rabbit Hemorrhagic Disease). Das sind Infektionskrankheiten, die durch stechende Insekten und verschmutztes Grünfutter übertragen werden können. Auch wenn deine Kaninchen ausschließlich in der Wohnung gehalten werden, müssen sie geimpft werden.
Regelmäßig entwurmt werden Kaninchen nicht. Bei einem Verdacht wird eine Kotprobe beim Tierarzt abgegeben.

Krankes Kaninchen: Alarmsignale

Bei diesen Anzeichen gibt es kein Zögern, dann muss das Kaninchen zum Tierarzt:

- Schlappheit, Bewegungsunlust
- Kein Fressen mehr, Gewichtsverlust
- Heftige Atmung, Niesen, verklebte Nase, feuchtes Mäulchen
- Tränende, verklebte, verdickte Augen
- Durchfall oder Verstopfung
- Ständiges Kratzen, schorfige Stellen im Fell, an den Ohren, am Maul
- Abgebrochene Zähne
- Harter Bauch
- Bewegungsstörungen

Es kann auch eine Operation notwendig werden. Die überstehen Kaninchen fast immer gut. Aber vorher und nachher muss vieles beachtet werden. Das erklärt der Tierarzt.

Medikamente geben

Bei kleinen Tieren wie Kaninchen müssen Medikamente genau dosiert werden. Sie werden zusammen mit einem kleinen Leckerbissen gegeben, aber Kaninchen mit ihrer feinen Nase könnten sie trotzdem verweigern. Dann werden sie am besten in eine kleine Spritze ohne Nadel gefüllt, Tabletten werden zerrieben und mit wenig Flüssigkeit aufgelöst. Die Spritze wird dem Kaninchen seitlich hinter die Schneidezähne ins Mäulchen geschoben, und dann wird ganz langsam gedrückt. Es soll nichts heraustropfen, und das Kaninchen muss gut schlucken.

Krallen schneiden

Wenn die Krallen deutlich die Haarspitzen an den Pfoten überragen, sind sie zu lang. Das Schneiden sollte der Tierarzt übernehmen, z. B. bei der jährlichen Impfung. Manche Kaninchen haben sehr dunkle Krallen, bei denen man die Blutgefäße nicht sieht, hier besteht Verletzungsgefahr.

Zwergkaninchenkinder

Wenn Nachwuchs unterwegs ist

Erwartet ein Kaninchenweibchen Junge, so ist das nicht immer an einem dicken Bauch zu erkennen. Aber das Verhalten ändert sich: Das Kaninchen wird zunehmend unruhig und nervös, es lässt sich nicht mehr gern anfassen oder gar hochnehmen. In einer Ecke des Käfigs hat es sich aus Heu ein Nest gebaut und mit Haaren aus dem Bauchfell weich ausgepolstert.

Wenn ein Zwergkaninchen Nachwuchs erwartet, braucht es eine Wurfkiste im Käfig, das ist ein mindestens 40 × 40 cm großes Holzhaus mit abnehmbarem Deckel. Das vielleicht schon gebaute Nest bleibt aber in jedem Fall im Käfig.

Die Tragzeit dauert ungefähr 28 bis 30 Tage. Die Geburt findet meist in der Nacht statt. Am nächsten Morgen liegen dann winzige Kaninchenbabys im Nest – rosig, nackt und noch völlig hilflos.

Die ersten Wochen

Im Durchschnitt kommen pro Wurf vier bis sechs kleine Kaninchen zur Welt, manchmal auch mehr. Es sind Nesthocker, das heißt, sie sind völlig hilflos und können das Nest nicht verlassen. Die Augen sind noch geschlossen. Am dritten Tag beginnt das Fell zu wachsen. Zehn bis zwölf Tage nach der Geburt ist es schön dicht, jetzt öffnen die Jungen auch die Augen. Nach vier Wochen verlassen die Zwerge ihr Nest und erkunden ihre Umgebung. Nach sechs bis acht Wochen sind die jungen Zwergkaninchen selbstständig.

Lieber bei Mama

Mit sechs bis acht Wochen werden die kleinen Kaninchen nicht mehr von ihrer Mutter gesäugt. Trotzdem sollten sie noch bis zur zehnten Woche in ihrer Nähe bleiben, denn nur von erwachsenen Kaninchen lernen sie das richtige Sozialverhalten und überhaupt alles, was ein Kaninchen wissen muss. Dazu gehört auch das Unterordnen in einer Rangordnung.

Und was fressen sie?

Die Kaninchenmutter säugt ihre Jungen meist nur einmal am Tag. Das ist normal: In der Wildnis schützt die Mutter ihren Nachwuchs auf diese Weise vor Feinden, die ihr eventuell zum Bau folgen könnten. Deshalb sucht sie ihn möglichst selten auf. Die Kleinen müssen nicht hungern: Die Kaninchenmilch ist sehr nährstoffreich und sättigt lange.

Wenn die Mutter bei ihren Kleinen ist, leckt sie ihnen kräftig den Bauch. Das ist wichtig, um die Verdauung anzukurbeln und die Babys sauber zu halten.

Wenn die Kaninchenkinder mit vier Wochen das erste Mal das Nest verlassen, knabbern sie schon neugierig am Heu und trinken immer weniger Milch. Es dauert nur zwei bis vier Wochen, dann fressen sie alles, was auch erwachsenen Kaninchen schmeckt.

Getrennte Wege

Sechs- bis zehnmal im Jahr können Zwergkaninchen Nachwuchs bekommen. Sie sind geschlechtsreif, bevor sie ganz erwachsen sind – mit zehn oder zwölf Wochen. Schon wenige Stunden nach der Geburt kann das Weibchen erneut schwanger werden. Deshalb ist es besser, vorzusorgen: Männchen und Weibchen sollten nach drei Monaten getrennt und die Rammler kastriert werden.

Auf Reisen

Auf Reisen gehen

Verreisen Kaninchen gern? Vielleicht so: Wenn ihr in einem Ferienhaus seid, die Anfahrt nicht lange dauert und für die Tiere alles abläuft wie zu Hause. Mit Kaninchen zu verreisen, bedeutet: jede Menge Gepäck! In den großen Käfig kommen die Kaninchen schon während der Fahrt, denn die Transportbox ist für längeren Aufenthalt nicht geeignet. Ein Freigehege muss mit, Einstreu, Heu in rauen Mengen, die Häuschen, Futter, die Futternäpfe, die Wassertränke und … und … und … Das kannst du alles nachlesen auf Seite 11. Und du merkst, es würde recht schwierig.

und im Notfall mit den Kaninchen zum Tierarzt gehen. Das kann nur jemand sein, der sich mit Kaninchen auskennt.

Eine andere Möglichkeit ist die Initiative des Deutschen Tierschutzbundes „Nimmst du mein Tier, nehm ich dein Tier". Auf diese Weise helfen sich Tierbesitzer gegenseitig (Adresse siehe Seite 30).

Oder lieber zu Hause bleiben?

Es ist sicher nicht leicht, einen guten und verlässlichen Betreuer zu finden, der ausreichend Zeit hat. Ob die Kaninchen nun in einem Freigehege leben oder in einem Käfig, der Betreuer muss wenigstens zweimal am Tag kommen, schauen, ob es ihnen gutgeht, sie mit frischem Futter und Wasser versorgen, sich mit ihnen eine Weile beschäftigen. Er muss Gemüse und Obst kaufen, den Käfig oder das Gehege säubern

Tierpension

Tierpensionen betreuen Haustiere für einen bestimmten Zeitraum. Es gibt inzwischen auch einige, die nur kleine Tiere aufnehmen, vor allem Kaninchen. Sie bieten ihren vierbeinigen Gästen im Sommer geräumige Freigehege. Es kann sein, dass so eine Tierpension weiter entfernt ist. Die Kaninchen dort unterzubringen, ist auch eine Lösung, aber dann geht es nicht ohne Fahrerei. Wenn deine Kaninchen in einer Pension einquartiert werden sollen, schaut euch die Unterkunft vorher auf jeden Fall an. Ist alles sauber? Wirken die Tiere zufrieden und gepflegt? Haben sie genug Platz und Beschäftigungs- und Versteckmöglichkeiten?

Vergiss nicht, auf Vorlieben deiner Kaninchen und Besonderheiten, auf die Rücksicht genommen werden muss, hinzuweisen. Der Impfpass muss vorgelegt werden.

Checkliste für die Betreuung

- Vorrat an Heu (pro Woche etwa ein großer Beutel)
- Einkaufsliste für frisches Obst und Gemüse
- Angaben zu Futter und Futtermenge
- Einstreu
- Erklärungen zur Käfig- oder Gehegereinigung
- Tipps für Spiele mit den Kaninchen
- Telefonnummer und Adresse des Tierarztes
- Und dieses Buch!

Wichtige Adressen und Internetlinks

Deutscher Tierschutzbund e. V.
Bundesgeschäftsstelle
Baumschulallee 15
53115 Bonn
Tel.: 02 28/6 04 96 0
Fax: 02 28/6 04 96 40
www.tierschutzbund.de

Den Deutschen Tierschutzbund gibt es schon seit 1881, er kämpft gegen den Missbrauch von Tieren. Er ist die Dachorganisation der Tierschutzvereine und Tierheime.

Tierärztliche Vereinigung für Tierschutz e. V. (TVT)
Geschäftsstelle
Bramscher Allee 5
49565 Bramsche
Tel.: 0 54 68/92 51 56
Fax: 0 54 68/92 51 57
www.tierschutz-tvt.de

Die Tierärzte der TVT setzen sich mit ihrem Fachwissen für die artgerechte Haltung von Heim- und Nutztieren ein.
Hier bekommst du wichtige Merkblätter und Infomaterial. Zum Beispiel:
www.tierschutz-tvt.de/
merkblatt62.pdf
Hier beschreibt die TVT, welches Spielzeug für kleine Tiere keines ist, sondern was als tierschutzwidrig, also tierquälerisch eingestuft wird.

Wichtige Tierschutzadressen findest du im Internet unter:
www.tierschutzverzeichnis.de

Seiten im Internet für Zwergkaninchenfreunde:
www.diebrain.de
www.zwergkaninchen.net
www.kaninchenzucht.de

Tipps zur Außenhaltung:
www.vgt.ch/vn/0701/
kaninchen_im_winter.htm

Register

Altes Zwergkaninchen 15

Anschaffung 6

Auslauf 10; 12

Außengehege 10; 13

Basteln für die Kaninchen 12 f.

Dämmerungsaktiv 8

Durchmesser für Röhren und Tunnel 12

Eingewöhnung 14

Einrichtung von Käfig und Gehege 10

Einstreu 11

Ernährung 18 f.

Fellpflege 11

Futter- und Wassernäpfe 10; 18

Gefahren im Garten 22

Gefahren in der Wohnung 22

Gehege, *siehe Außengehege*

Hasen 5

Herkunft 5

Heu 11; 19

Impfungen 24

Jährlicher Gesundheitscheck 24

Käfig 10

Körpersprache 16

Krallen schneiden 25

Krankes Kaninchen 25

Medikamente geben 25

Nachwuchs 26 f.

Nasenblinzeln 7

Rassen 5

Richtig hochheben und tragen 15

Spielideen 20 f.

Streicheln 11

Tabletten geben 25

Tierarzt 24

Transportbox 6; 11; 24

Verreisen 28 f.

Wildkaninchen 5

Checks

So sieht ein gesundes Zwergkaninchen aus 6

Passen Zwergkaninchen zu mir? 9

Hast du alles? 11

Wie scheu oder zutraulich sind meine Zwergkaninchen? 14

Verstehst du deine Zwerge? 17

Was mögen meine Zwerge am liebsten? 19

Das machen meine Zwerge gern 23

Checkliste für die Betreuung 29

Basteln

Tummelplatz 12

Entdecker-Kartons 12

Labyrinth aus Röhren 12

Buddelvergnügen 13

Kaninchenwiese 13

Abenteuerspielplatz 13

Spiele und Beschäftigungsideen

Stoffball werfen 20

Kegeln 20

Futterspiele 20

Spiele mit allen Sinnen: Hören 21

Beobachten und Erschnuppern 21

Mitbringsel und Neues 21

Der Deutsche Tierschutzbund e.V.

Europas größte Tier- und Naturschutzorganisation unterstützt mit den ihr angeschlossenen mehr als 700 Tierschutzvereinen und über 500 vereinseigenen Tierheimen den praktischen Tierschutz vor Ort. Der Verband setzt sich für eine bessere Tierschutzpolitik ein und legt die wissenschaftlichen Grundlagen für den Tierschutz. Der Deutsche Tierschutzbund ist als gemeinnützig anerkannt und politisch neutral. Als erste Tierschutzorganisation wurde ihm das DZI-Spenden-Siegel zugesprochen, zudem ist er Gründungsmitglied des Deutschen Spendenrates. Damit setzt er Zeichen für den transparenten und sparsamen Umgang mit Spendengeldern. Der Deutsche Tierschutzbund e.V. erhält keine öffentlichen Mittel und ist ausschließlich auf Spenden angewiesen. Spendenkonto des Deutschen Tierschutzbundes e.V.: **Kto. 40 444, Sparkasse KölnBonn (BLZ 370 501 98)**

Bibliografische Information der Deutschen Nationalbibliothek
Die Deutsche Nationalbibliothek verzeichnet diese Publikation in der Deutschen Nationalbibliografie; detaillierte bibliografische Daten sind im Internet über http://dnb.d-nb.de abrufbar.

© 2010 Patmos Verlag GmbH & Co. KG
Sauerländer, Mannheim
Alle Rechte vorbehalten.
Umschlaggestaltung: h. o. pinxit, Basel
unter Verwendung von Illustrationen
von Frauke und Patrick Wirbeleit
Printed in Austria
ISBN 978-3-7941-7660-1
www.sauerlaender.de